AF174491

EL CIELO EN LA TIERRA

Santiago Villar Pallás

EL CIELO EN LA TIERRA

Primera Edición 2025

© *Santiago Villar Pallás 2025*

© *Editorial Poesía eres tú.*
https:// poesiaerestu.com
C/Dr. Fleming Nº50, 4ºD
28036 Madrid
Teléfono: 34 91 345 38 17
Fax: 34 91 350 80 54

ISBN: 979-13-87806-01-9
Depósito Legal: M-13510-2025

EL CIELO EN LA TIERRA

SANTIAGO VILLAR PALLÁS

Febrero 2025

Si tu vida cotidiana te parece pobre, no la acuses. Acúsate a ti
mismo de no ser lo bastante poeta para percibir sus riquezas.
Rainer Maria Rilke

Invocamos al cielo para aliviar nuestras inquietudes, pero nos cuesta aceptar que la fugacidad y la fragilidad son parte de lo que somos. Fantaseamos con una luz imperecedera, con un camino sin sombras, y sin embargo, somos seres de claroscuros: vivimos en la penumbra de nuestras dudas, en el resplandor de nuestros sueños, en el abrazo que nos sostiene cuando caemos. Pensamos, soñamos y amamos en esa dualidad. Porque es en nuestra fragilidad donde hallamos la fuerza; en nuestra imperfección, el reflejo de lo divino.

Este poemario no busca atrapar lo inalcanzable ni explicar lo inexplicable. Su propósito es otro: revelar lo sagrado en lo cotidiano, lo infinito en lo inmediato. Porque el cielo no es un lugar distante, sino la luz que se filtra entre las hojas al atardecer, el aroma de la tierra mojada después de la lluvia, el eco de la risa que se pierde en el viento y nos devuelve, por un instante, la certeza de que estamos vivos. La tierra no es solo el suelo que pisamos, sino el peso de las memorias que llevamos en los huesos, el calor de las manos que nos sostienen, el susurro de los recuerdos que nos habitan.

Cada poema es una mirada que abre puertas a lo vasto, un destello de lo sagrado en lo cotidiano. En cada verso, en cada palabra, se esconde un fragmento de ese cielo infinito. A través de la poesía, recorreremos los paisajes interiores y exteriores, descubriendo que lo eterno está más cerca de lo que imaginamos. Te invito a caminar estas páginas con los ojos del alma, a descubrir que el cielo no está allá arriba, sino aquí, en cada respiro, en cada instante compartido. Porque el cielo y la tierra no son dos mundos separados, sino un solo misterio tejido con los hilos de lo eterno y lo fugaz.

La tierra

Creo que una brizna de hierba no es menos
que el camino recorrido por las estrellas.
Walt Whitman

La tierra es raíz y testimonio, memoria y espejo de lo que somos. En esta primera parte, exploramos la profundidad de lo tangible: las sombras que nos sostienen cuando el mundo pesa sobre nosotros, las cicatrices que nos narran, como surcos en la piel del tiempo, la belleza de lo efímero, como el rocío en el alba. Si el cielo es un océano infinito, la tierra es la orilla donde nos anclamos, donde sentimos la arena entre los dedos y el sol en la piel.

Aquí, la poesía hunde sus raíces como un árbol en busca de agua, revelando la luz escondida en la sombra. En la tierra aprendemos a caminar, a caer, a levantarnos. Aquí, lo efímero se transforma en memoria y las heridas en mapas que nos guían.

En la tierra, lo divino se esconde en lo cotidiano: en el pan que compartimos, en las manos que sostienen las nuestras, en el silencio que habita entre las palabras. Y mientras la tierra nos ancla, el cielo nos recuerda que lo infinito habita en lo inmediato.

Sé tú mismo, despierta

Tras el vivir y el soñar,
está lo que más importa: despertar.
Antonio Machado

Escucha la luz de tu historia,
no caigas en la desmemoria.
Aprende de ella para no repetirla,
transfórmala en llama viva.

Cuida con firmeza tu ánimo,
no te pierdas en lo oscuro,
no te quedes atado.

Aléjate de los vanos artificios,
de los héroes de humo;
elige lo auténtico,
lo libre, lo valiente, lo tuyo.

No abandones tu pensamiento,
ni temas al miedo profundo;
no eleves nada en un pedestal;
crece desde lo vivido,
desde lo que eres,
desde lo que sabes.

No pierdas el hilo de tu rumbo,
ni desperdicies tu destino;
tras cada lucha y esfuerzo,
reconócete en tu reflejo.

Sé tú mismo, despierta.
Vive, sueña…
el amor nunca nos abandona,
sé la luz que arde en tu propia llama.

Camina sosegado

Camina sosegado,
a tu ritmo, sin miedos,
y despierta al niño que llevas dentro.

Cuando puedas, busca
tu verdad en tu historia.
Escucha a los otros,
ellos tienen su vida, su mirada.

Aléjate del agresivo,
del que siembra daño.
No te midas con nadie;
cada cual sigue su paso,
unos van más adelante,
otros quedan detrás.

Aprecia tus sueños,
tus logros y fracasos.
Pon pasión en tus actos;
te alejarás de tus miedos

Sé cauteloso:
hay almas perdidas en el mundo.
Y nunca apartes la vista
de la bondad, la belleza,
faroles que iluminan la senda.

Camina sosegado.
Camina siempre sosegado.
La vida, con su luz, va a tu lado.

Donde florece la vida

El poder requiere cuerpos tristes.
El poder necesita tristeza porque puede dominarla.
Gilles Deleuze

El poder se alimenta de cuerpos tristes,
de almas rotas que lleva consigo.
No siembres raíces en la tristeza;
reconócela, como hojas secas
que el viento arrastra lejos.

Recuerda siempre: la alegría
ensancha horizontes y despeja caminos.

Aléjate del poder.
Vive libre, sin miedos;
empápate de amor;
como el sol que despierta
lo que dormía.

Mírate con compasión,
permite que tu esencia brote,
y siéntete, hermano de todos.
En el abrazo, la soledad
no hallará refugio.

Haz tu mundo más ancho,
y deja que el amor
sea tu camino.

Vivo intensamente

Ser. Nada más. Y basta.
Es la absoluta dicha.
Jorge Guillén

Vivo, sabiéndome poco,
como un pájaro
sin nido,
contento con su cielo.

Deletreo mis pérdidas,
las habito,
no las olvido.
Callo mis victorias,
sombras ligeras,
nunca del todo mías.

Escucho al deseo,
no lo oculto,
le doy su espacio,
como la lluvia en el campo.

Vivo intensamente,
en lo vasto y en lo simple.

Darme cuenta, estar presente,
mirar… solo mirar es todo,
como el sol que descubre
la vida en cada rincón del mundo.

Aúpate a tu estrella

Estamos todos en las alcantarillas,
pero algunos miran a las estrellas.
Oscar Wilde

Atrévete, aúpate a tu estrella;
el cielo te aguarda.

Vuela, vuela con los sueños
aléjate del suelo, baila con tus miedos.

No te conformes como los cuerdos;
ellos, sujetos a sus propias cadenas,
recelan de los lunáticos,
de los que persiguen las estrellas.

Espera, ten paciencia…
algún día alzarán la mirada
y, al fin, hallarán su estrella.

Un joven vivido

La edad no es solo los años que se tienen,
es lo que se hace con los años.
José Luis Pinillos

La edad se vive,
no solo se cuenta.

Lo vi
en un niño
que no estaba perdido.
En un chiquillo,
que creció sorprendido.
En un hombre despierto,
que ama lo vivido.

Lo vi,
no eras un anciano rendido,
sino un joven vivido.

Tras el telón

Somos máscaras,
almas vestidas de apariencias.

Por eso, cuando estés triste,
vístete de alegría,
como quien enciende una llama
en la penumbra.

No te rindas, asume tu papel,
porque nadie se pondrá en tu piel.

A veces te pesará tu papel,
el peso de tu propia pena.
Pero, un día,
comprenderás que la vida
es el arte de saber fingir.

Si te aferras al sentir, vivirás tragedias.
Si te elevas al pensar, hallarás alegrías.

¿Y tú?
¿Qué papel eliges interpretar hoy?

Goza del instante

No fui nada, y nada soy.
Pero tú que aún existes, bebe
goza de vida… y luego ven.
Francisco Brines

La vida, ambigua y voluble, sorprende,
y con una claridad que te enardece,
hallas una verdad que lo explica todo,
un instante que refleja el universo.

Un instante de vida,
una chispa que alumbra la nada.

Pero, basta una sombra,
una grieta inadvertida,
para teñirlo todo de tristeza.

Sí, eres tiempo,
un ruido en un vasto silencio.

Si todo se fuga,
si todo es efímero…
¿Por qué no gozar
del instante?

La muralla que renace

Esa muralla, ajena al tiempo,
no teme al olvido:
las cicatrices en sus almenas
susurran historias.
Historias de risas
y de lágrimas.

Esa muralla, altiva,
todo lo oculta.

Y sin embargo,
esa muralla indomable
renace con cada mañana.
Desde su altura celebra la vida,
danza con la luz de la aurora,
abierta al llamado
del día que nace.

Imagínate

La felicidad no brota de la razón sino de la imaginación.
Immanuel Kant

Entusiásmate…

No te aferres al peso gris del tedio,
ni al eco sordo de lo conocido.
Aspira a lo nuevo,
al aire fresco donde tu anhelo,
reposa, exhausto y escondido.

No pienses tanto,
no frenes tu vuelo.
Descubre tu refugio,
un rincón sin desvelo,
donde te envuelva el cielo.

Imagínate…

Vuela como un pájaro,
ligero en la vastedad del cielo.
Disfruta de lo incierto,
del abismo que invita al vuelo.

Y vuela, sin miedo.
Haz tu camino,
alza tus alas al cielo.

El deseo

Las reglas de la felicidad:
algo que hacer, alguien a quien amar, algo que esperar.
Immanuel Kant

Sabrás lo que deseas
cuando te entregues al viento,
cuando entiendas que el paraíso
no es un lugar, sino un momento.

Con el deseo, al viento, volarás,
vivirás, amarás y esperarás.

Vivirás
cuando florezca cada día,
cuando venza la desidia,
cuando celebres la vida
en su efímera maravilla.

Amarás
cuando veas al otro,
cuando disuelvas el ego,
cuando seáis un solo latido
que vibre bajo el mismo cielo.

Esperarás
al dejar ir el miedo,
cuando abraces el misterio,
cuando te alces libre y sincero,
como quien surca el aire divino.

Ah, las piedras del miedo,
que pesan, que frenan el vuelo.
Desea y alza tu vuelo.

Las brasas del tiempo

Ellas no te abandonarán.
El tiempo pasará, se borrará el deseo
—esta flecha de sombra—.
Joan Margarit

El deseo detenía el tiempo:
un fuego inmenso, ciego,
que me ardía en lo más íntimo,
en un mundo etéreo, sin peso.

Pero, hoy…
el tiempo es un río lento,
que va consumiendo,
paso a paso,
la llama de nuestro fuego.
Lo absoluto y esplendoroso,
se apaga, pálido y quebrado,
como las hojas secas en otoño.

Pero sé
que en las brasas ocultas,
mis pasiones siguen vivas,
brillando bajo las cenizas.

Lo sé…
ni la furia más brutal del viento
ni la corriente imparable del tiempo
devorarán mi deseo.

Pensamiento

Uno puede dudar absolutamente de todo, afirmarse como un nihilista,
y sin embargo caer enamorado como el más grande de los idiotas.
Emil Cioran

Oh, pensamiento,
enigma insaciable,
que nunca sacia,
que siempre huye.

Deshaces dogmas,
ahuecas certezas,
desgarras la vida
para acercarte a la nada.

Oh, pensamiento,
denso y frío silencio,
que callas cuando te llamo.
Anhelas lo claro
y solo ves lo oscuro.

Sueñas con ruinas de mundos,
con ejércitos vencidos.
Sin embargo, solo conquistas
espejismos, tierras baldías.

Oh, pensamiento
nunca lleno,
siempre hambriento,
como un océano sin fondo.

La virtud

La felicidad no es el premio de la virtud,
sino que la virtud misma.
Baruch Spinoza

Con la virtud trazarás tu sendero:
la tristeza se irá
y la alegría brotará.

Y, hallarás…
una guía hacia la verdad,
hacia la serenidad;
el hogar de la felicidad.

Y al caminar entre tus virtudes,
no dependerás de las razones
no cederás a las pasiones
ni temerás a lo que viene después.

Y al mirarte en tu reflejo,
verás al otro…
Sabrás que todos somos uno,
hilos trenzados en un solo tejido…
un mismo fragmento,
esencia del infinito perpetuo.

Inteligencia

¡Inteligencia, dame el nombre exacto de las cosas!
Juan Ramón Jiménez

Dame las palabras precisas,
que sosiegan sombras
y desvelan esencias ocultas.

Dame un lenguaje afilado,
viento que corta y desnuda,
para airar lo más hondo,
lo que el silencio aguarda.

Dame inteligencia
para lo más íntimo,
para amar cada paso.
Dame inteligencia
para abrir un sendero claro,
para otear mi destino.

La soledad

Nadie aprende, nadie aspira,
nadie enseña a soportar la soledad.
Friedrich Nietzsche

Estás solo…

Quizá, con el amor intentes salvarte.
Te adentrarás
en un alma ajena,
como un náufrago busca tierra.
Pero, sin una raíz profunda,
el vacío siempre regresa.

Quizá, obedeciendo busques refugio.
Te entregarás al grupo,
a su ruido, a su ritmo.
Pero perderás tu libertad y tu centro.

Quizá, creando persigas redención.
Te consumirás en tu fantasía,
con el fuego de tu obra.
Pero vivirás apartado, afuera.

Nadie te enseñó a soportar la soledad.
Quizá, si la acogieras
te descubrirías.

Una tristeza distinta

Hay una especie de tristeza que viene de saber demasiado,
de ver el mundo como realmente es.
Virginia Woolf

Hay tristezas tenaces, pegadas a los hechos,
tristezas con razones y motivos,
que ensombrecen las miradas
y rara vez encuentran alivios.

Son pesos que el alma arrastra,
raíces que, al menos, dejan su carga.

Sin embargo, existe una tristeza distinta,
que nace de una certeza clara y desnuda:
la certeza de que la vida
no es el viaje que el alma soñaba,
que el amor es un fulgor que se apaga,
y la felicidad, un instante que se cansa.

En esa tristeza, somos ajenos al mundo,
solos, solos con nuestro entendimiento,
como náufragos en mar gélido y desolado,
que nos revela un vacío infinito,
un abismo en su frío desvelo.

La herida

Somos nuestra memoria, somos ese quimérico museo
de formas inconstantes, ese montón de espejos rotos.
Jorge Luis Borges

No hay herida,
por profunda que sea,
que no nos dé una enseñanza.

Mírala con la calma,
como el río que pule la piedra
y la hoja que nutre la tierra.
Te contará su historia,
te revelará una alegoría
de tu propia existencia.

Un día, lo verás…
ya no dolerá.
Y sabrás
que en su dolor se sanaba.

Y, aún sanada,
se convertirá en memoria,
un museo de rarezas,
un crisol de vivencias
reposando en estanterías
frágiles y polvorientas,
testigo de lo que fuimos.

Horas malheridas

Piensas que nunca te va a pasar, imposible que te suceda a ti, que eres la única persona del mundo a quien jamás ocurrirán esas cosas, y entonces, una por una, empiezan a pasarte todas, igual que le suceden a cualquier otro.
Paul Auster

¡Ay, horas doradas!
cuando todo era una aventura,
cuando el futuro ardía,
y el pasado, una brisa;
cuando creíamos en la justicia,
nos ilusionaba lo vivo,
y todo era un canto.

¡Ay, horas malheridas!
cuando la vida se nubla
y la nada nos acecha;
cuando el "yo" se disuelve en el todo,
y el herido clama al vacío,
cansado, sin aliento:
¿se ha apagado el fuego?
¿todo se ha perdido?
O, tal vez,
en las brasas calladas,
el fuego aguarda.

Hija de la vida

No fuimos nosotros, fue la vida
la que brota y todo transforma.

Llegaste a despojarnos de miedos,
a mirarnos en tus ojos,
a decirnos quiénes somos.

Viniste para enseñarnos el coraje,
a liberarnos del temor a la muerte.

Porque la vida es un préstamo,
un río que avanza sin dueño,
un antes que fue nuestro
y un después que será tuyo.

Este tiempo hoy es nuestro,
mañana será solo tuyo.
Cuando el tiempo sea tuyo,
te verás en los ojos de tu hijo.

Sé feliz, hija mía,
no te detengas en la tristeza,
y, como un pájaro, canta
a la vida. Vuela.

21 de junio

Naciste impetuosa,
como el mar que besa la arena,
sin sombras, clara,
pura como el alba.

Naciste ligera,
hija del viento y de la vida,
sin marcas, sin historia.

¡Ah, el primer encuentro!
Eras luz. Osadía de lo vivo,
ojos ávidos de mundo.

Pero el tiempo nos empuja,
siempre adelante, hacia el mañana.
Ese mañana llegará
como el fruto que madura,
como el pájaro que vuela.

Crecerás y un día partirás,
con tus alas y tus sueños.

Pero quiero que sepas,
hija mía,
que en tus alas,
siempre estará mi amor.
Porque el amor no se va,
solo se hace vuelo.

Tu luz

Estos días azules y este sol de infancia.
Antonio Machado

Tú me diste la luz para ver.
Con esa luz descubro la vida,
como un claro tras la maleza:
a veces lejana y serena,
otras, cercana y plena.

Tú me diste la luz para comprender.
Una luz en el momento justo,
para revelar lo oculto,
alejarme del abismo,
y hallarme a mí mismo.

Tú me diste la luz para seguir.
Para saber lo que quiero,
para gozar de lo efímero
y persistir en mi destino.

Tú me diste la luz para atreverme.
Para abrazar lo nuevo,
como un niño que, en su juego,
descubre el mundo
libre de lo impuesto y lo ajeno.

Tú me diste luz para ser.
Para encender mi propio fuego,
llevando tu brillo, puro y sincero,
como guía en mi camino.

La misma verdad callada

Cuando el sentimiento de amor no está presente,
es muy frecuente hacer una mala interpretación de lo sucedido.
Eugenio Martín

Tu historia podría ser la mía,
aunque con sabores opuestos:
tú, un lago sereno;
yo, un río desbordado;
ávido, yo; tú, mesurado.
Tú, luz serena de la razón,
yo, el ímpetu de la pasión.

Dos miradas que se encuentran,
dos raíces que se enlazan,
dos voces que se nombran.

Tan diversos, tan necesarios,
como el día abraza su luna,
como el mar besa su tierra.
Anhelo ser el eco de tu calma
y la luz de tu sombra.

Quiero seguir tus pasos,
como si tus huellas
marcaran también las mías.
A veces pierdo tus huellas,
pero siempre las busco,
porque en ellas hallo mi camino.

Amigo

No camines delante de mí, puede que no te siga.
No camines detrás de mí, puede que no te guíe.
Camina junto a mí y sé mi amigo.
Albert Camus

Somos las palabras que decimos.
Somos los silencios que guardamos.

Somos amigos porque
hemos llorado nuestras penas
y cantado nuestras alegrías.

Somos amigos porque
hemos gozado lo finito
y soñado el paraíso.

Somos amigos,
sin más ni menos:
dos almas,
que caminan juntas,
iluminando el sendero,
con todas sus luces y todas sus sombras.

Tu mirada me sustenta

El amor consiste en esto,
que dos soledades se protegen,
se tocan, se saludan.
Rainer María Rilke

Tu mirada me sustenta,
una luz para lo oscuro.
Contigo he caminado,
he amado, he soñado, he deseado.

Busco mi reflejo
en tu mirada,
porque en ti encuentro todo,
el refugio de mi alma,
la certeza que me abraza.

En tus ojos hallo
mi paz y mi desvelo,
la calma que anhelo,
y el misterio intacto
de nuestro mundo.

Contigo he aprendido
a vivir conmigo,
a soñar despierto,
a gozar con lo vivo.

En tu mirada encuentro
mi centro y sustento.
En cada abrazo, el calor eterno
de un amor que no se apaga en el tiempo.

Miradas cotidianas

La realidad no es lo mismo que la verdad.
La realidad son solo detalles.
Sándor Márai

No tengo miedo a la nada,
porque sé que un día
me alcanzará su llamada.
Por eso, admiro a quien vive,
a quien saborea su instante,
a quien no teme su muerte.

Sé que mis utopías,
esas alas pretenciosas,
vuelan alto, desbordadas,
y terminan desgarradas.

Sé que debo dejar de pensar,
de soñar y de imaginar,
y detenerme a mirar:
a la carnicera contenta,
a la frutera que baila,
a la profesora entusiasta,
a la barrendera que canta.

Detenerme, quedarme a observar
a quien no busca la última palabra,
a quien agradece la lluvia,
a quien cuida a una enferma,
a quien canta en la iglesia.
Ellos, en su verdad callada,
en su sencillez ignorada,
nos revelan la forma
de amar la vida.

La esperanza

El más terrible de los sentimientos es el sentimiento
de tener la esperanza muerta.
Federico García Lorca

Te has ido
y me has dejado,
una mano que hiela,
otra que el dolor encela.

Ahora, somos dos sombras,
extraviadas en las penumbras,
cenizas de fuegos exhaustos.

La esperanza, ahora muerta,
deja un vacío que no se llena,
un eco que ya no suena.

Háblame, amor; quiero verte,
ámame una última noche,
antes de que el alba nos borre.

Si tus palabras dejaran eco,
mi corazón deshecho
te buscaría en el silencio,
en las sombras del recuerdo,
donde no todo está perdido.

Un mundo sin verdades

Que cada palabra lleve lo que dice.
Que sea como el temblor que la sostiene.
Que se mantenga como un latido.
Rafael Cadenas

No creo que la verdad
sea solo nombrar lo que es
ni que las palabras
se dobleguen
bajo el peso de lo que ves.

Sé que mi verdad,
la verdad que siento,
es apenas la historia
que me cuento.

Pero no me basta.
Porque mi verdad se apaga
cuando nadie la escucha.

Solo veo un mundo que grita,
que no cree en las palabras.
Un mundo de cifras heladas,
de emociones fingidas,
de manos que no tocan,
de ojos que no miran.

Un mundo sin verdades,
de voces que no cambian nada.
Un mundo de silencios,
de raíces secas.

¿Dónde se esconde la verdad?

Soy mis palabras

Ahora que la vida deja su huella,
cuando la verdad y el deseo
atemperan mi alma,
contemplo el inmenso cielo.

El extenso cielo murmura
que el tiempo licúa lo sólido,
que la lluvia hace al río,
y el río al océano.
Sé que partir es mi destino,
que el vacío aguarda mi vuelo.

Y sé, que soy mis palabras,
mis luces y mis sombras.

Cuando el océano me reclame,
cuando el cielo me llame,
seré solo mis palabras,
forjando dudas, verdades y mentiras.

Palabras que pesan

Las únicas palabras que merecen existir
son aquellas que en el alma resplandecen.
Rainer María Rilke

Vivía entre miedos y esperanzas,
entre voces sin almas,
con todas las palabras huecas.

Vivía como vivía todo el mundo,
como un apóstol disciplinado,
de fe sin fuego,
refugiado en lo heredado.

Y apareciste y contigo
las palabras pesan,
sostienen la inquietud de los que aman,
de los deseantes, de los que esperan,
de los que buscan y, a veces, hallan.

En mi vida cabe nuestro exceso:
quererte como quiere mi gato,
admirándote, con deseo,
arrullándote, sin miedo.

Como quien, al fin, encontró
su casa en otro cuerpo,
y allí, el universo entero.

Cuando veo claro

Es cuando duermo que veo claro.
J. V. Foix

Quiero entender lo que no cede,
lo que perdura, lo que permanece.

Todo parece igual,
y sin embargo, todo cambia:
el tiempo deja su rastro,
pero mis ojos no lo ven.

El tiempo vive en mis ojos.
Solo cuando duermo veo claro,
veo mis ideas fuera del tiempo.

Sí, esas ideas
entre sombras y voces sibilinas
duermen en mis mañanas.

Quizá soy apenas un crisol de átomos,
un efímero destello en los océanos,
un reflejo fugaz entre los vivos,
una fábula engendrada por mis sueños.

La vida nos llama

Debemos aprender por nosotros mismos, y también enseñar a los hombres desesperados que en realidad no importa que no esperemos nada de la vida, sino que la vida espere algo de nosotros.
Viktor Frankl

La vivencia es fugitiva,
la indecisión, eterna.

El silencio aterra,
como un abismo que habita en nosotros.
El ruido devora,
como un torrente que arrastra sueños.

Somos apenas tránsito;
hojas llevadas por el viento,
hijos del momento,
en un universo que no conoce tiempo.

Y, aun así, la vida nos observa,
nos espera, paciente,
como la tierra aguarda la lluvia,
como la llama necesita el aire.

Nos llama, no para que busquemos,
sino para que respondamos.
Porque en cada paso,
en cada duda,
siempre vuelve la misma pregunta:
¿qué hago con este instante?
¿qué espera la vida de mí?

Cuando vengan por nosotros

... cuando se miran de frente
los vertiginosos ojos claros de la muerte,
se dicen las verdades:
las bárbaras, terribles, amorosas crueldades.
Gabriel Celaya

Es extraño que no lo sepas:
todo lo interrogas, todo lo revelas.
Pero lo verás:
vendrán, con su luz turbia, por nosotros,
por ti, por mí, por todos.

Me dirás que esa luz, aunque sucia, es luz,
que algún día servirá para mirarnos.
Me dirás que el amor vendrá para salvarnos.

Pero ¿cuántas muertes necesitas
para ver que somos los próximos?
Tú. Yo. Todos.
Esperando en la fila.

Quizá, solo quizá, no quieras partir,
pero lo verás:
ni siquiera los dioses miran este lugar.
Escrito está, nuestros nombres,
el tuyo, el mío, el de todos,
sepultados bajo los escombros.

¿Qué harás cuando la luz sucia y amarga
inunde tu alma?
¿Qué harás con tu miedo?
Vendrán por ti. Por mí. Por todos.

Ruinas de las batallas

Al fin de la batalla,
y muerto el combatiente, vino hacia él un hombre
y le dijo: «¡No mueras, te amo tanto!»
Pero el cadáver ¡ay! siguió muriendo.
César Vallejo

Cuando terminan las batallas
alguien tendrá que enfrentarse a las ruinas
y contar las sombras perdidas,
una a una, como estrellas apagadas.

Alguien barrerá las calles,
cubrirá con tierra los cuerpos,
mientras el viento arrastra sus nombres,
como las hojas secas en los otoños.

Un dedo tembloroso
tocará los retratos cubiertos de polvo.

Alguien entrará en las casas vacías,
para desarmar las manos severas,
todavía ensangrentadas.

Alguien abrirá las ventanas
para ventilar las miserias.
Alguien ordenará las cosas,
rezará ante las cenizas,
para que en las tierras arrasadas
broten nuevas semillas.

Letales palabras

Las calles están vacías,
donde solo el eco de pasos perdidos
resuena entre sombras desoladas.
Tristes, mudas,
sin esperanzas.

Discursos letales,
como dagas que desgarran vidas,
forjados en el yunque de creencias hediondas,
por manos que solo saben cavar tumbas.
Letales palabras,
que siembran cenizas.

Creencias podridas,
que no curan las heridas,
ni redimen almas.
Umbrales herméticos,
cerrados a los exiliados.
Fronteras implacables,
selladas
al destierro de los descarriados.

Creencias que prometen el cielo,
pero solo dejan desiertos.
Prometen liberaciones,
pero solo siembran el silencio del olvido.

Hay que abrir las puertas,
dejar que el viento barra las miserias,
y que la luz, al fin, disipe las sombras.

Acoge tus sombras

Creo que la esencia del fanatismo reside
en el deseo de obligar a los demás a cambiar.
Amos Oz

Tu verdad es tu verdad,
no nuestra verdad.

¿Por qué esa urgencia de atarlo todo,
de no aceptar lo diverso?
No es necesario, ni sano.

Ocúpate de tu reflejo,
deja un espacio al otro.
No impongas tu diseño;
tu orden solo
se refleja en tu espejo.

Guárdate tu certeza,
cuestiona tu mirada.
Tu verdad es un fragmento,
un ínfimo pellizco.

Disfruta de las sombras,
no necesitas tantas luces
ni tantas respuestas.
Hazte preguntas.

Deja un sendero abierto…
no es preciso trazar cada paso.
Acoge tus sombras,
te guiarán hacia tus mañanas.

Nos venció la nada

*No dejamos la vida cuando
amamos, cuando vivimos.*
Hannah Arendt

Contigo, que lo fuiste todo,
me abrigué del frío del mundo,
del viento inhóspito
que daña a lo vivo.

Sostenías mi mundo,
en su alba, en su crepúsculo.
Eras mi aliento en la mañana,
mi refugio en la tormenta.

Pero nos venció la nada,
una lluvia implacable, lenta
que cavó nuestra tumba,
como la luna que huye del alba,
inadvertida.

No tenemos remedio.
Tú, porque te has ido.
Yo, porque no he vuelto.

La partida

En lo más profundo de su corazón sabía que se estaba muriendo, pero no estaba acostumbrado a esta idea y además no podía o no quería captarla.
León Tolstói

Vives despreocupado,
aferrándote a lo vivo,
refugiándote en el olvido.

Pero un día, aparecerá
un rostro sin forma,
un horizonte de bruma
que se llevará tu figura.

Ese día, cuando el aire te pese
y la luz se aleje,
comprenderás que todo se extingue.

Entenderás que tu partida,
antes oculta,
es inevitable, precisa.

Desviarás la mirada
como si no existiera…
pero sabes que no hay huida.
Ella espera, callada,
con su negrura,
silenciosa y certera.
Serás polvo y memoria.

Me tendrás en tus manos

Y yo me iré. Y se quedarán
los pájaros cantando.
Juan Ramón Jiménez

Nacerán nuevas albas,
hambrientas de luces primeras,
sedientas de nacientes vidas
y ajenas a todas las ausencias.

Y yo, envuelto en mis auroras,
camino junto a tu amor, sin cautelas,
solo contigo, sin fronteras.

Pero, irán callándose todos,
los locuaces, que amaban los vientos,
y los silenciosos, que amaban las tierras.
Irán muriéndose todos,
los amados y los olvidados…

Un día, yo me iré, en silencio,
como el sol en su crepúsculo,
dejando atrás un cielo,
que será el mismo.

Y tú, me llevarás en tu mano,
como el pájaro en su nido.

El rostro de un dios vencido

No me respondes, hermana. He venido ahora a buscarte.
Ahora, no tardarás ya mucho en salir de aquí.
Porque aquí no puedes quedarte.
María Zambrano

Vemos al difunto como un dios vencido,
caído entre las cenizas del tiempo.
Un dios que a veces despreciamos,
y en otras veces veneramos.

Vimos lo que ganó,
y lo que perdió:
sus orugas que aspiraban a mariposas,
sus carbones que soñaban ser diamantes.

Conocimos sus amores y sus odios,
sus triunfos y sus fracasos,
pero ignorábamos sus abismos:
las parálisis tras sus verbos,
los sacrificios tras sus deseos.

Y ahora, al partir, su sombra
es lo único que nos entrega.

¿Qué sintió cuando amaba?
¿Qué secretos guardaron sus silencios?
¿Hacia dónde conducían sus sueños?

Se ha ido, llevándose sus escombros,
sus tristezas y sus miedos,
sus alegrías y sus esperanzas.

Y se ha llevado sus enigmas,
preguntas que no tenían respuestas.

Sola ante el vacío

Todo el caos rodó en esa inteligencia,
templo en otro tiempo viviente,
pleno de orden y de opulencia.
Charles Baudelaire

Hubo un tiempo
en que el amor erigía tu templo.
Un templo sereno,
un sólido santuario.

Pero el caos devoró la armonía,
sumiéndolo todo en lenta agonía.

Por eso, te sientes perdida,
a la deriva,
en brazos de un viento incierto,
sin rumbo, sin destino.

Nada tiene sentido ahora,
solo el silencio que te abraza,
profundo como un abismo,
un silencio que lo consumirá todo,
desarmando hasta lo más denso.

Y, allí estarás tú, sola,
sola ante el peligro,
sola ante el vacío,
sin tu sereno templo.

Los perdidos

¿Qué haremos con los perdidos?
Nadie los quiere ver.

¿Quién los verá de nuevo?
Tal vez los que han sentido
el filo helado del abismo,
el grito mudo del extravío.

Y, si los ignoramos,
quedarán a solas,
perdidos en sus pensamientos,
aislados, sin afectos.

Solitarios en sus infiernos,
con sus cuerpos consumidos
y almas ateridas,
rodeados de cenizas.

¿Quién alzará la mirada?
Tal vez alguien que se atreva
a sostenerles la mirada,
a rescatar su alma
e iluminar su sombra.

Nadie está solo del todo

... y sonríes porque sabes
que todavía no has caído
definitivamente
en la curva melódica del silencio.
Olga Novo

Sé que la vida florece,
sin razón, simplemente acontece,
como un suspiro que brota
de un rincón que nadie espera.

Sé que lo vivo se fatiga
y el alma asciende, ligera,
mientras el cuerpo reposa,
envuelto de sábana y tierra.

Sé que mientras tanto,
en algún rincón del mundo
alguien hallará consuelo,
una mirada que alivia,
un abrazo que restaura.

Sé también que, sin saberlo,
él también habrá amado,
porque en el amor no estuvo solo.

Nos espera el extravío

Las lágrimas
se han convertido ya en costumbre,
Pero eso
no me han devorado.
Han Kang

Dentro de nuestro amor vivo
nos espera el extravío.
Un rincón remoto,
frío, extraño.

Un día nos perderemos
para ser simples archivos,
páginas polvorientas
en la vasta biblioteca del olvido.

Pero antes de que te vayas,
quiero que sepas:
con tu amor me has salvado.
Con tu amor vivo,
al fin, no me he devorado.

Sin ninguna distancia

La distancia no es el olvido,
sino el recuerdo sin fin.
Antonio Machado

Lejana, en la tierra huida,
donde se enmudece la vida,
ella lo escucha en la brisa,
lo observa en la sombra.

Le canta al amor, a lo vivo,
entre carencia que hiere
y abundancia que sana,
entre ausencia que duele
y presencia que abraza.

Al mirarlo, asume su condena:
amarlo sin fin, sin medida ni cautela.
Al tocarlo, descubre su dicha:
estar a su lado, sin ninguna distancia,
en un abrazo que nunca termina.

Dame un fragmento

La vida está hecha de fragmentos,
y duras penas uno logra reunirlos.
José Donoso

Haré mi vida de tus fragmentos,
aunque no quieras dármelos.

Dame uno, solo uno,
para desvelar tu misterio,
para mirarme en tu espejo
y hallarme en su reflejo.
Dame uno, solo uno,
para vencer al tiempo,
para sentirme vivo.

Dame un destello,
un color para pintar mi cuadro,
un trazo que guíe mi mano
hacia lo auténtico.

Viviré de tus fragmentos,
de los momentos compartidos,
de los soñados
y de los vividos,
porque en ellos encuentro
el sentido de mi camino.

Nunca te tendré del todo,
como nadie tiene al viento,
pero me bastará un solo fragmento
para sentir que existo.

La amé

La quise entera,
con su luz y su sombra.
La quise roja y negra,
gris y blanca.
Antonio Machado

Me rendí ante su hermoso cuerpo
porque era un hombre perdido,
porque no conocía el infierno
que arde en el corazón ciego
de un enamorado.

Y tal vez aún la desee,
porque el deseo no se extingue.

La quise en cualquier hora.
Cuando hablaba, cuando callaba,
cuando estaba
y aun cuando no estaba.

Y quizá la sigo queriendo,
porque el querer no se desvanece.

La amé despierta,
la amé agotada,
la amé de noche y de día,
sin tiempo, sin pausa.

Y tal vez aún la ame.
Porque el amor no muere.

Eres mi alegría

*En efecto, el amor no es otra cosaque la alegría
acompañada de la idea de una causa exterior.*
Baruch Spinoza

No puedo vivir sin amarte,
sin empaparme de tu alegría,
sin esperarte cada mañana,
como el sol sale cada día.

Te deseo,
porque al mirarte,
el mundo se detiene
como el sol tras la nieve.

Soy feliz porque existes,
porque ni te tengo ni me tienes,
como el aire que compartimos,
que lo necesitamos,
pero no lo poseemos.

Sin ti, soy un río sin océano
una corriente en un suelo seco.

Eres mi alegría,
el faro en la tormenta,
la luz que me encuentra.
Eres la razón de mis mañanas,
la luz de mis días,
el fuego de mis alegrías.

Seis letras

Somos los únicos animales que fabulan,
que ahuyentan la oscuridad con los cuentos.
Irene Vallejo

¿Cuál es mi cuento?

Ver el agua de la ducha
sobre tu piel mojada,
escribir en tu cuerpo
las palabras que no digo.

Ser el agua
de tu primavera.
Ser el aire que te venera.
Arrullarte,
cuidarte, quererte.

Amarte…
solo seis letras.
Pero dentro cabe tanto…
mis alas, mi cielo, mi vuelo,
y el cuento que me cuento.

Agua y aire,
siempre, siempre,
para amarte.
Agua y aire,
para ser contigo
mi mejor cuento,
mi eterno cuento,
mi infinito cuento.

Si me ves

Si te quiero es porque sos mi amor,
mi cómplice, y todo.
Y en la calle, codo a codo,
somos mucho más que dos.
Mario Benedetti

Con tus manos, solo con ellas,
te saltas todas mis fronteras;
las abiertas y las secretas.

Me gustas en tus tristezas,
cuando guardas tus lágrimas.
Me gustas cuando no callas,
cuando desvelas mis enigmas
y acaricias mis dudas.

Y entre las gentes,
te busco con mis oscuridades,
bajo avenidas de luces exhaustas
y puentes de sombras dormidas.

Porque si me respondes,
si me ves…
si aún me ves…
dejaría todos mis pesares,
todas mis noches insomnes.

Quiero que lo sepas:
soy porque te quiero.
Porque me ves,
y en tu mirada me encuentro,
y en tu amor me reconozco.

Porque no me falta

El amor es como la sal.
Daña su falta y su sobra.
Sor Juana Inés de la Cruz

Yo, que amo la vida,
renuncié a la gracia, a la pena,
y también a la miseria.

Yo, que amanso mi ira,
(sin ser santo ni sabio,
sin ser visto ni aplaudido)
abrazo la poesía.

Yo, que creo poco,
busco lo vivo
en el deseo.

Yo, que veo
un horizonte brumoso,
descanso sereno.

Yo, que sé que la vida
es un adiós y un hola,
me entrego al ahora.

Yo, que me aferro al suelo,
no me pierdo del todo…
porque tu amor me ha salvado.

Me ha salvado
tu amor porque no me sobra,
porque no me falta.

Quiero la noche

Para mi corazón basta tu pecho,
para tu libertad bastan mis alas.
Pablo Neruda

Quiero la noche,
porque nada temo,
porque en ella te encuentro.

Quiero la noche
porque en su sombra te veo,
porque en su calma te tengo.

Anhelo la noche
porque en su abrazo lo tengo todo:
tu latido, tu aliento, tu silencio.

Extiende mis alas,
que son tuyas,
y vuela…
Yo te espero.

Quiero luz

*De noche, especialmente,
es hermoso creer en la luz.*
Platón

Te vi en una noche oscura,
bajo una luz tenue, etérea,
que acariciaba tu silueta,
como un sueño que no llega.

No pude abrazarte.
Solo eras un susurro misterioso,
un destello fugaz en lo oscuro.

Y, sin embargo, ansío otra noche,
otra noche para verte,
para tocarte, para abrazarte.
¿Eres sombra que engaña,
o verdad que ilumina
mi cueva oscura?

Quiero luz, luna llena,
para verte y encender mi llama,
para darte mi alma
y salir de mi cueva.

Tu centro

No soy, no hay un yo, siempre somos nosotros.
Octavio Paz

Única. Toda,
todo me arrastra a tu centro.
Amplia como la tierra,
ligera como la brisa,
húmeda como la lluvia al alba.

Una convulsión infinita,
un abismo sin escapatoria,
que me desarma.

Tempestad sin freno,
un hambre feroz de tu centro.
¿Cómo alcanzarte?
¿Cómo tocarte?

Yo siempre espero.
No me dejes al margen. Te anhelo.
Déjame tu adentro,
desasir tu misterio.

Déjame tu centro.
He perdido el rumbo;
soy vacío sin tu centro,
un eco perdido,
silencio, solo silencio.

Dos instantes

A veces, una mujer y un hombre
desafían con fervor la razón;
a veces lo llaman pasión,
otras veces, intemperie:
un amor sin refugio,
un cielo sin abrigo.

Son errantes de lo eterno,
sin límites, sin mundo,
sin tiempo.

Existen en un instante,
y en ese instante, son todo:
porque solo poseen el ahora.

Pero, algún día,
esa puerta abierta,
herrumbre del olvido,
se cerrará con un suspiro,
dejando cenizas en la memoria
y las trazas de la desdicha.

Entonces,
el frío helará sus pechos,
serán dos cuerpos errantes,
dos noches extraviadas,
dos corazones cansados.

Pero, quedará el eco de ese instante…

Volvemos al inicio

Madre, cuando sea grande,
¡ay... qué mozo al que tendrás!
Gabriela Mistral

Cuando somos pequeños
somos todos sus sueños,
los cercanos y los lejanos.

Ellos, nos sueñan,
nos moldean y nos abrazan.

Un día, ya grandes,
nos alejamos
para hacer nuestros caminos,
para divisar otros mundos,
para soñar otros sueños.

Pero siempre regresamos al inicio,
cuando,
dormidas en un cuerpo desnudo,
éramos apenas células,
flotando en un océano callado,
capaces de serlo todo.

Y antes
de que el ocaso
apague las células del cuerpo,
volvemos a serlo todo.
Todo regresa a su inicio.

Es raro escribirte

Es raro escribirte desde un lugar
en el que tú y yo ya no estamos.
Elvira Sastre

Antes de conocerte
—solo antes de conocerte—
vivía para encontrarte.

Sobrevivía… transitaba
de una vida a otra,
sin saber cuál era la mía.

Apareciste para serlo todo:
mi alegría y mi miedo,
lo común y lo sincero,
mi sueño encontrado.

Hoy, te has ido.
Nos hemos quedado
huérfanos del tiempo,
sin ningún legado.

Somos dos extraños.
Dos silencios.
Dos olvidos cansados.

Me queda lo vivido,
un adiós apresurado
y mi verbo exhausto.

Es raro
escribirte sin ser esperado.

En vano te quiero

Sola,
sola y triste, lejos de todas las almas,
de todo lo tierno, de todo lo suave.
Idea Vilariño

Dices que no puedes ser ligera,
que nunca fuiste la escogida.
Dices que no quieres que te quiera,
que ser querida te confunde y te aleja.

Yo sabría amarte.
Yo quiero amarte,
con la ternura de un mundo que espera,
con la paciencia de quien siempre regresa.

Pero en vano te quiero.
Ya te has ido.
No volverás; y tal vez nunca importó…
hay tantos adioses en el mundo,
pero el nuestro… duele todavía en mi pecho.

El cielo

El cielo tiene puertas de oro y nubes de seda,
pero el corazón del hombre es más grande que el cielo.
Federico García Lorca

El cielo es la promesa de lo infinito, la luz que nos habita, esa chispa de eternidad que nos impulsa a buscar, a crear, a amar. Es el susurro del viento que nos llama, el brillo de las estrellas que nos recuerda nuestra pequeñez y, al mismo tiempo, nuestra conexión con lo eterno.

En esa bóveda infinita, lo terrenal se transfigura: el vuelo de un pájaro es un canto a la libertad, el sol reflejado en el agua, un espejo del alma que nos devuelve nuestra propia luz. La lluvia no es solo agua, sino caricia y renovación, el pulso secreto de la vida. Allí, el silencio es música y el vacío, plenitud.

La poesía es un vuelo, un canto que honra la naturaleza y nos devuelve nuestra esencia más íntima. Miremos al cielo no solo con los ojos, sino con el alma. Honremos su misterio, resguardemos su belleza y recordemos que en cada latido habita un fragmento de su infinito.

Porque el cielo no solo está arriba, sino también dentro de nosotros. Cielo y tierra son dos reflejos del mismo misterio: el latido que nos une a lo eterno. Y aunque nuestras huellas se desvanezcan en la arena del tiempo, siempre quedará un rastro de luz.

Tu tierra, mi tierra

"¿Mi tierra?
Mi tierra eres tú".
Luís Cernuda

Te busco en el silencio,
en el susurro del viento,
o en el azul sereno.

Yo sé lo que anhelas,
me basta con lo que callas,
el dulzor de tus risas
y la sal de tus lágrimas.

Te buscaré….
¿seré yo quien te halle?

Yo te querré completa:
con tu luz y con tu sombra.
Sin cautela ni medida,
vestida de auroras,
desnuda de estrellas.

Serás mi patria,
mi casa,
la tierra auténtica.

El mundo es lo que fluye

Ningún hombre puede cruzar el mismo río dos veces,
porque ni el hombre ni el agua serán los mismos.
Heráclito

El mundo es un cauce en fuga,
una grieta que nunca se cierra.
No puedo ser un solo elemento
(ni aire, ni tierra, ni agua, ni fuego);
sin embargo, de cada uno, algo llevo.

Las estrellas, con su luz propia,
iluminan el cielo inmenso,
y yo no sé en qué momento
mi luz será la de alguna estrella.

Lo sé, el mundo es lo que fluye,
lo que no permanece,
lo que no se detiene.
Pero también sé que mi mundo
es tu mundo
ese que siempre busco,
el que será mi refugio
cuando todo esté perdido.

El cielo

¿Qué es la utopía?
Un cielo sin demora,
un canto a la justicia,
un bálsamo para la herida de la duda,
un sendero que perdura.

Sé que no hay utopías
sin sangre ni espinas,
y sin ellas,
todo se quiebra en astillas.

No sé si conoceré el cielo,
si algún día rozaré su azul esquivo,
y si alguna vez comprenderé su fondo.

Y mientras sueño con el cielo
me pregunto:
¿Y tú? ¿Qué serías
sin cielo ni utopías?
¿Serías acaso el vacío,
un denso hastío?

Porque sé que, sin utopía ni cielo,
somos ramas sin tronco,
sombras sin fuego,
manos sin latido.

Átomos errantes

Yo creo que ver la tierra como un planeta perdido en el universo infinito no deja de generar miedos, angustias, ansiedades y temblores ontológicos.
Michel Onfray

Observa esa inmensidad opaca,
esa fosa oscura,
donde coexisten el todo y la nada.
Afina tu mirada:
descubre el azul de la tierra,
el gris callado de la luna.

Somos nómadas,
átomos errantes,
buscando en otros átomos
un reflejo de nosotros mismos.
En un cosmos
sin puertas ni ventanas,
sin inicios ni finales,
sin vidas que florezcan,
sin muertes que nos toquen.

Aunque sobrevivas a sus tempestades
no escaparás
de los temblores ontológicos,
del arduo peso de las estrellas.

Y, si en el crepúsculo incierto,
percibes un destello
será un resplandor efímero,
un fulgor tejido por el miedo.

Las nubes

¡Amo las nubes…, las nubes que pasan…
allá lejos… las maravillosas nubes!
Charles Baudelaire

Sé liviano y efímero,
como un verso al viento,
como el agua en el cielo.

Asómbrate:
una nube etérea,
una rosa en primavera.

Sí, la belleza es tiempo,
un instante que huye,
un ahora que se desvanece.

Déjate llevar por las nubes,
vuela alto,
sin miedo al vacío.

Saborea los instantes,
sin el peso del pasado,
sin la sombra del futuro.

Aprende de las nubes y las rosas,
que viven eternamente
porque habitan en el presente.

El viento

El ser es algo esencialmente abierto.
Martin Heidegger

El viento es una bestia,
escucha cómo brama,
cómo te empuja
hasta donde todo comienza.

Con él te aligeras,
te deslizas por las grietas
donde la luz aquieta tus sombras.

Déjate llevar, sin miedo al vacío.
Deja atrás lo viejo,
como las hojas con el viento,
y en cada paso, abraza lo nuevo.

Ábrete. Sé viento.

Puentes sobre la nada

Todo se me evapora. Mi vida entera, mis recuerdos, mi imaginación y lo que contiene, mi personalidad, todo se me evapora.
Fernando Pessoa

Aspiramos a no perdernos del todo,
a ser alguien, incluso tras el silencio.

Por eso, invocamos al cielo
y nos aferramos a un suelo.

Nos aterra el vacío,
su aliento helado,
disolvernos como humo
en un océano inmenso.

Y en el vacío, buscamos reflejos,
claridades para comprendernos,
con nuestras grietas y deseos.

Quizás
nos amamos
por nuestras grietas,
por ser imperfectos,
y en nuestra locura
tejemos puentes sobre la nada.

Es con nuestra locura
que desafiamos la nada:
ese lugar donde todo empieza
y donde todo acaba.

Shinrin-yoku (Baños de bosque)

*Mi cuenco de mendigar
acepta hojas caídas.*
Tameda Santoka

Honra a los árboles,
a los de los bosques
y a los de las calles.

Escucha el canto de sus hojas,
exhala el perfume de sus hebras.

Observa sus raíces,
que sostienen los bosques,
y a sus flores,
que adornan las calles
con fugaces colores.

Cuídalos cuando nacen
con luz y agua,
y cuando parten,
con suelo y sombra.

Recoge las hojas caídas,
que alimentan la tierra,
y las ramas secas,
que un día dieron sombra.

Míralos como la vida misma,
frágil y extensa.
Una vida que nos brinda
el cuidado y la esperanza,
raíces en otoño y brotes en primavera.

Silencio en la arena

Morir de vida, vivir de muerte.
Heráclito

Una sardina, varada en la arena,
escuálida, hambrienta, me observa.
En sus ojos veo todas las olas,
todas las arenas, todas las horas.

Con sus espinas y ojos de sombra,
navegó los mares sin memoria,
sin cadenas, sin demora.

Me susurra, sin alma,
que su vida no ha sido oscura,
que no ha vivido con amargura.

Creyó en un Dios que bailaba,
en el agua que la abrazaba,
en la arena que la llamaba.

Y ahora, en su quietud desierta
sabe que en la muerte hay solo brisa.

Me miro en su reflejo roto:
un cuerpo errante y desnudo,
hijo del movimiento y del tiempo.

¿Cuántos océanos cruzaré
antes de perderme en la arena?
¿O acaso la arena es el destino
de todo lo vivo?

Una piedra o una rosa

Con las piedras, con el viento hablo de mi reino.
José Hierro

¿Qué destino guarda una piedra?
Quizá no anhela ser respiro,
solo materia y silencio.

¿Qué secreto esconde una rosa?
Quizá ignora que su belleza
es solo una chispa que termina.

Y tú… tan ajeno a la piedra,
tan distante de la rosa.

La piedra es solo una piedra,
y la rosa, solo una rosa.
Pero al mirarlas,
al nombrarlas,
te devuelven tu forma.

Eres tus sombras y tus luces,
la suma de tus amores
y el eco de tus temores.

Así, entre lo inerte y lo efímero,
se hace tu camino:
un sendero de piedras y de rosas,
de brisas leves y memorias.

Baile de átomos

Nada existe, excepto átomos y espacio vacío,
lo demás es opinión.
Demócrito

Mi universo
es un baile de átomos,
sin tiempos, sin espacios.

Átomos que, paso a paso,
desnudan el pasado,
dibujan el futuro.

Me enciende su distancia:
su magnitud, su danza.
Me atrapa su belleza,
su silencio, su fuerza.

Y con todo, soy más
que un baile de átomos.
Porque me veo, me siento,
porque sé que me muero.

¿O acaso la danza
es también conciencia?
¿Y el vacío, un espejo
donde el ser se refleja?

Nowhere (no lugar)

Los no lugares —gasolineras, metros o aeropuertos— no son sitios para quedarse, sino solamente para ser transitados".
Marc Augé

Sin la herrumbre de tu historia,
regresas a tu tierra,
a tu plaza, a tu casa.

Y descubres que tu casa
ya no es tu casa,
que tu memoria
es una quimera.

Tu calle es un aeropuerto,
un lugar de tránsito,
una pista que invita el vuelo.

Y tu plaza es un reflejo,
un recuerdo borroso
para un forastero.

Sientes el peso
de lo anónimo,
de un espacio de paso,
donde todo se ha borrado.
Hasta el pasado,
con su andar cansino,
camina extraño a tu lado.

Eres pasajero en la tierra,
donde nada se queda.

Alma sin forma

Donde hay forma hay alma.
Fernando Pessoa

Te ha atrapado el tiempo,
y se te ha ido el futuro.
Tu forma, ya en sombra,
se disuelve en su hondura.

Tu esencia, vertida en la tierra,
al aire se alza, ligera y desnuda.
Se eleva a la nada,
donde todo acaba.

Tus contradicciones,
ya dispersas,
ya ligeras
nutrirán nuevas raíces.

¡Oh, alma sin forma!
Serás mi sustancia,
la sangre púrpura
de mi historia y memoria.

Diosa o humana

Si un hombre pudiera decir lo que ama, si el hombre pudiera levantar su amor por el cielo como una nube en la luz.
Luis Cernuda

No. No basta,
necesito sentirte en mi centro,
haberte imaginado,
más allá de todo verbo,
más allá del peso del mundo.

Hacer de ti un acaso,
un milagro fortuito,
y así creer que vienes del cielo,
que, al mirarte, toco lo eterno.

Déjame mirarte, para creerte.
Déjame tocarte, para sentirte.
Déjame tus labios, para poseerte.

Eres carne que sangra,
y estrella que brilla.
Eres viento que me eleva,
fuego que me quema.

Así te quiero,
como la luz al cielo.
Diosa o humana,
en el cielo y en la tierra,
siempre… en mi alma.

Sentirme vivo

¿Qué sería el mundo sin la alegría?
Quizá, una eterna noche
o una carne que se muere.

Por eso busco su fuerza,
su impulso que me eleva,
su destreza que me asombra.

¡Qué alegría sentirme vivo!
Sin peso,
como el viento,
liviano.

Mundo árido

*Mi corazón espera
también, hacia la luz y hacia la vida,
otro milagro de la primavera.*
Antonio Machado

Oh, mundo árido y quebrado,
que agrietas el suelo.
Seco y amarillo,
como un sol agotado,
que ahoga lo vivo.

Tierra seca, hambrienta,
cansada sin su primavera.
Campo abatido
que mira al cielo.

¿Caerá el agua del cielo?

Agua, bendita agua,
que al tocar la tierra
vuelve la vida.

¿Regresará el verde perdido,
la risa del campo herido,
o dormirá en la espera del olvido?

Mi corazón espera a la primavera,
como la tierra espera el agua,
como la luz espera la vida.

La lluvia muda

Llueve en silencio, que esta lluvia es muda
y no hace ruido sino con sosiego.
Fernando Pessoa

Después de la lluvia,
tu alma, muda y ligera,
descansa.

Se ha dado cuenta de que adoraba
una utopía, una ilusión vana.

Pero, las utopías nunca mueren...

Y te sorprenderá cuando el fervor regrese,
sin sombras,
sin razones,
solo regrese.

Y sabrás que lo firme no existe...
Que todo cambia con la lluvia,
que la vida no es muda,
y lo firme... no es vida.

Jánovas

¡Oh, si fuera como el río tan fresco y limpio y claro!
Friedrich Hölderlin

Ha vivido un tiempo infecundo,
presa en el polvo del olvido.
Fue promesa, fue morada,
hoy silencio, hoy nada.

¿Serán sus piedras calcáreas,
pulidas por el tiempo,
que alivien sus penas,
o será el agua de su río
quien lave sus condenas?

Es extraño no habitar su tierra,
que fue hogar, que fue esperanza.
Ignorar su invierno y su primavera,
ver su voz perdida,
su memoria en sombra.

Sus habitantes, antaño hermanos,
hoy viven en tierras lejanas.
Sus sueños dispersos,
sus manos errantes,
raíces sin tierras.

Pero volverán las primaveras,
verdes bordando las praderas.
Volverán las casas, con sus niños,
y los campos, con sus aperos.
En sus calles, volverán las lágrimas,
y sus viejas risas.

Ligüerre de Cinca

Sois el nido del querer,
la primavera del ser.
Baltasar Gracián

Allí, en el fondo del pantano,
donde la tierra exhala su oscuridad,
y el agua guarda lágrimas de olvido,
donde la hierba se dobla, ahogada en el silencio,
y el viento se pierde en un suspiro,
allí quedó tu alma,
dormida y callada,
como un reflejo en el fango.

Quizá en sus fangos
entre raíces y sombras,
aún susurran tus huellas,
tus sueños, tus risas perdidas.

Oh, tiempo de tibia memoria,
cobíjame en tu manto de niebla,
no me dejes sin vida,
sin mi primer nido,
sin primavera.

El azar

Lo que llamamos azar es nuestra ignorancia
de la compleja maquinaria de la causalidad.
Jorge Luis Borges

El azar no existe para el árbol:
nació de una semilla que el viento llevó,
creció bajo el sol y la lluvia
y en su tiempo partió,
sin preguntas, sin respuestas,
solo fiel a la necesidad.

Solo el niño,
con su asombro intacto,
lo ha sentido.
Cree que la lluvia
dibuja caminos inciertos,
que desde ese instante
todo tendrá sentido.

Pero el mundo,
vasto y ajeno,
no se pliega a su deseo.

Y el árbol, fiel a lo vivo,
ajeno al azar,
seguirá su camino,
mientras el niño,
con sus ojos abiertos,
aprenderá a mirar
la danza entre el azar y la necesidad.

Raíces y claridades

Te desnudas igual que si estuvieras sola
y de pronto descubres que estás conmigo.
Jaime Sabines

Dos cuerpos que se aman
son, a veces, dos claridades,
donde no hay miedo ni tristeza,
donde solo existen albas,
que elevan los anhelos.

Dos cuerpos que se aman
son, a veces, raíces profundas,
entrelazadas en la tierra oscura,
donde el abismo y la nada
se disuelven en brumas etéreas.

Dos cuerpos que se aman
son, a veces, sombras,
donde la costumbre y la sorpresa
se tejen en un solo hilo.

Dos cuerpos que se aman
son, a veces, todo:
claridades, raíces, oscuridades,
un fuego que abriga
o un fuego que arrasa,
y en su ceniza
renace la vida.

El Quijote con su Sancho

Batalló con su errante lanza
para lograr la gloria,
para hallar la sabiduría
que mora en la locura.

Se forjó a sí mismo
en los ojos del otro:
fue Quijote
por su Sancho,
caballero
porque tuvo escudero.

No eligió su delirio,
pero lo aceptó sin lamento.
Y aunque el tiempo,
cual viento, lo cambió,
no se olvidó de su destino.

Vivió inconcebibles encuentros,
como dictan las leyes del azar.
Pues en lo irreal halló la llama
que alumbró su fantasía.

La soledad de los libros

Nadie rebaje a lágrima o reproche
está declaración de maestría
de Dios, que con magnífica ironía
me dio a la vez los libros y la noche.
Jorge Luis Borges

Estos libros, que fueron leídos,
van quedándose solos,
poco a poco, como nuestros muertos
bajo la tierra fría de los camposantos.

No lo sé de cierto, pero supongo
que alguien abrirá un libro,
y su luz encenderá sus pupilas,
como un fuego entre sombras,
mientras las palabras vividas
despiertan entre sus manos.

Se leerá, de pronto,
con la urgencia del anhelo.

(No lo sé de cierto.
Quizás solo lo imagino,
o tal vez lo soñamos todos,
como esas palabras
que, aunque dormidas,
no están muertas.)

ÍNDICE